VOLKSSCHULE

Kusoma!

Was eine Schultasche so alles trägt

Ein Federpennal,
die Hefte und Bücher.
Die Jause –
und auch Taschentücher.
Scheren und Pinsel,
den Teddybär.

Alles das
und noch viel mehr
muss die Schultasche tragen.
Ob sie das will?
Du kannst sie nicht fragen!

Gabi Berger-Thompson

→ AH: 3 → BiSt: LE 2.2., HSR 1.2, 1.3

Ein Hase, der gern Bücher las …

Ein Hase, der gern Bücher las,
fand ein dickes Buch im Gras,
er setzte sich ins Gras und las
das dicke Buch, im Buch stand das:

Ein Hase, der gern Bücher las,
fand ein dickes Buch im Gras,
er setzte sich ins Gras und las
das dicke Buch, im Buch stand das:

Ein Hase, der gern Bücher las,
fand …

Josef Guggenmos

Was Lehrerinnen und Lehrer wollen

Brave Kinder,
die niemals stören!
Stille Kinder,
die alles hören.
Fleißige Kinder,
die alles machen!

Das ist doch einfach zum Lachen!

Was Kinder wollen

Lustige Lehrer,
die gerne lachen.
Lehrerinnen,
die Späße mit ihnen machen.
Freundliche Lehrer,
die sehr oft loben –

und in der Pause mit ihnen toben …

Gabi Berger-Thompson

Klassenregeln

In einer Klasse gemeinsam lernen
macht Freude.
Aber es ist nicht immer einfach.

In Susis Klasse gelten diese Regeln:

- Ich höre gut zu.
- Ich lasse andere ausreden.
- Ich hebe meine Hand,
  wenn ich etwas sagen
  oder wissen möchte.
- Ich lasse andere Kinder
  in Ruhe arbeiten.
- Ich helfe gerne,
  wenn mich jemand braucht.
- Ich halte meinen Platz sauber.

Welche Regeln gelten in deiner Klasse?

Der Zickzack

Den Franz stört an der Schule allerhand. Das Lernen geht ihm zu langsam. Vier Wochen sitzt er jetzt schon in der Schule herum, aber schreiben kann er noch immer nicht richtig.

Dauernd muss er zeilenlang große und kleine Kugeln malen und lange und kurze Striche und hohe und niedrige Wellen. Das findet Franz langweilig. Und der Lehrer ist nicht einmal sehr zufrieden mit den Kugeln und Strichen und Wellen, die der Franz hinmalt.

„Schlampig“, sagt er, wenn er das Heft von Franz anschaut. Und wenn er den Franz anschaut, sagt er: „Finger aus der Nase.“ Der Franz hat nämlich gerne den linken Zeigefinger im rechten Nasenloch.

Der Herr Lehrer gefällt dem Franz überhaupt nicht! „Der kann ja nicht einmal richtig reden“, beschwert sich der Franz bei seinem Papa.

Der Lehrer redet wirklich
ein bisschen merkwürdig.
Sehr kurz redet er.
„Hinsetzen“, sagt er.
„Aufstehen“, sagt er.
„Mund zu“, sagt er.
„Hefte aufschlagen“, sagt er.
„Bücher heraus“, sagt er.

Der Franz ist nicht gewohnt, dass ihn jemand so anredet.
„Setzt euch hin, liebe Kinder“, fände der Franz besser.
„Seid so lieb und steht auf“, fände der Franz richtiger.
„Es wäre nett, wenn ihr still sein könntet“,
fände der Franz freundlicher.
„Jetzt wollen wir ein bisschen in die Hefte hineinschreiben“,
fände der Franz netter.
Und „Habt ihr Lust, ein wenig zu lesen?“,
fände der Franz höflicher.

„Der Mann ist eben ein Zickzack-Typ“, sagt der Papa.
Dem Franz gefällt das Wort.
Er sagt immer „Der Zickzack“,
wenn er von seinem Lehrer erzählt.

Christine Nöstlinger

Indien

Afrika

China

Schule anderswo

Nicht überall auf der Welt
können Kinder in die Schule gehen.

Viele Länder haben nicht genug Geld,
um genügend Schulen bauen zu können.

Dort können Kinder
auch deshalb nicht in die Schule gehen,
weil sie schwer arbeiten müssen.

Die Schulen sehen überall anders aus.
Oft müssen Lehrer und Kinder
mit sehr wenig auskommen.

Meistens gehen diese Kinder
sehr gern in die Schule.
Ihre Ausbildung
ist der einzige Weg aus der Armut.

→AH: 7 →BiSt: LE 2.1, 2.2, 3.2, 3.7, 7.2

Immer diese Monster

Svenja saß auf den Stufen vor der Schule. Ihre Mutter hatte sich wieder einmal verspätet. Als plötzlich ein Schatten auf Svenja fiel, schaute sie überrascht auf.

„Hallo!“ Der Mann blieb direkt vor Svenja stehen. „Deine Mutter hat wohl vergessen, dich abzuholen?“ Svenja spürte Kälte im Magen und etwas Raues im Hals. „Das muss Angst sein“, dachte sie.

„Ich könnte dich nach Hause bringen“, sagte der Mann. Svenja holte tief Luft. Was dann zu hören war, klang monstermäßig laut und war weithin zu hören. Der Mann verschwand, so schnell er konnte.

Edith Schreiber-Wicke

Leons Fest

Leon geht gern in die Schule. Er mag die Lehrerin und er darf neben seiner Freundin Lisa sitzen. Wenn nur Otto nicht so gemein zu ihm wäre – nur wegen Leons dunkler Hautfarbe! Leons Eltern stammen nämlich aus Afrika.

„Stimmt es, dass sich Leon in eurer Klasse nicht besonders wohl fühlt?“, fragt Tante Vera. Lisa nickt. „Ein paar Mitschüler mögen ihn nicht. Und der Otto ist richtig gemein zu ihm. Ich glaube, der legt es darauf an, dass der Leon mit ihm zu raufen anfängt.

Aber bis jetzt ist er immer cool geblieben. Aber einmal, als der Otto in der großen Pause zu ihm gesagt hat: Du bist nicht nur schwarz, du bist auch noch feige, hab ich zum ersten Mal gemerkt, wie wütend der Leon werden kann. Schlag mich her, wenn du dich traust, hat der Otto gesagt.

Da ist es ganz still in der Klasse geworden. Alle waren gespannt, was passieren wird." „Und ist was passiert?", fragt Tante Vera. Lisa schüttelt den Kopf. „Das würde dir so passen, hat der Leon zum Otto gesagt und ist hinausgegangen. Supercool, nicht wahr?"

„Habt ihr schon mit der Lehrerin darüber gesprochen?", fragt Tante Vera. Lisa schüttelt traurig den Kopf. „Dann wird es aber höchste Zeit. Warte, ich habe eine tolle Idee!"

Tante Vera springt auf und wirft dabei fast ihre Kaffeetasse um. „Wir veranstalten gemeinsam mit Leons Familie ein großes afrikanisches Fest in der Schule. Mit Musik, Märchen, Trommeln und Speisen aus Afrika. So lernen alle einander besser kennen!" Lisa ist begeistert …

Christine Rettl

Tiger und Bär im Straßenverkehr

Einmal sagte der kleine Tiger zum kleinen Bären:
„Komm, wir gehen in die Stadt, und ich zeige dir,
wie man über die Straße gehen muss.
Ich bin heute deine Mutter."

Und da standen sie dann und wussten nicht,
wie sie über die Straße gehen sollten.
Die Autos rasten von links nach rechts
und von rechts nach links,
keine Rettung in Sicht.

Da kam aber Herr Bibernasel,
ein guter alter Mann, und sagte:
„Am besten könnt ihr über die Straße gehen
bei einer Ampel, Jungs*."

„Eine Ampel hat drei Lichter:
Rot, Gelb und Grün.
Für die Fußgänger gilt die Ampel,
wo der kleine Mann auf dem Licht ist."
„Ich bin ein Fußgänger",
rief der kleine Tiger.
„Jawohl, der Tiger ist ein Fußgänger",
brummte der kleine Bär.
„Jeder, der zu Fuß geht, ist ein Fußgänger",
sagte Herr Bibernasel.

„Und jetzt müsst ihr so lange auf dem Gehweg
weitergehen, bis ihr zu einer Ampel kommt.
Dort müsst ihr warten, bis für die Fußgänger Grün ist,
dann könnt ihr gehen."

Bis zu einer Ampel war es nicht weit.
Sie warteten auf dem Gehweg,
bis das Licht für die Fußgänger grün war,
dann gingen sie über die Straße.

„Aber hier müsst ihr auch erst
nach links und rechts schauen,
weil manchmal Autos um die Kurve kommen
und nicht aufpassen,
oder sie fahren noch schnell bei Rot weiter“,
sagte ein Mann, der dort stand.

„Jungs*“, sagte eine gute Frau,
„wenn ihr zwischen den parkenden Autos
über die Straße gehen müsst,
dann müsst ihr so weit
zwischen den Autos nach vorn gehen,
bis ihr die Fahrbahn ganz überblicken könnt.
Dann stehen bleiben und sich umschauen.“

„Jawohl: Der Bär
ist nicht dumm
und schaut
sich erst
um.“

Janosch

* Burschen

Auszählreime für die Pause

Mine, meine muh,
raus bist du!

Eins, zwei, drei,
alt ist nicht neu,
neu ist nicht alt,
heiß ist nicht kalt,
kalt ist nicht heiß,
schwarz ist nicht weiß,
hier ist nicht dort,
du musst jetzt fort!

Auf einem Gummi-Gummi-Berg,
da wohnt ein Gummi-Gummi-Zwerg,
der Gummi-Gummi-Zwerg
hat eine Gummi-Gummi-Frau,
die Gummi-Gummi-Frau
hat ein Gummi-Gummi-Kind,
das Gummi-Gummi-Kind
hat ein Gummi-Gummi-Kleid,
das Gummi-Gummi-Kleid
hat ein Gummi-Gummi-Loch,
und du bist es doch!

→AH: 10 →BiSt: SPB 2.5

Was leuchtet da so?

Martin liest heimlich unter der Bettdecke.
Das Zimmer ist finster –
wie es sich in der Nacht gehört.
Nur an einer Stelle,
wo die Decke verrutscht ist,
scheint etwas Taschenlampenlicht hervor.

Kurz vor Mitternacht
kommt der Vater ins Zimmer.
Er schließt das halb offene Fenster –
und sieht das Licht.
„Was leuchtet da so?", fragt er verdutzt.
„Da wird doch nicht jemand
noch munter sein?"

Martin erschrickt.
„Nein, nein, Papa", sagt er schnell.
„Ich schlaf schon
und träum von der Sonne!"

Georg Bydlinski

Familie und Freunde

Wenn einer sagt, ich mag dich, du,
ich find dich ehrlich gut!
Dann krieg´ ich eine Gänsehaut
und auch ein bisschen Mut.

Andreas Ebert

Bei uns zu Hause

Am Abend essen wir gemeinsam.

Wir spielen miteinander, das ist schön.

Beim Aufräumen helfe ich mit.

Ab und zu streiten wir. Das mag ich nicht.

Meine Eltern gehen jeden Tag zur Arbeit.

Mein Opa passt manchmal auf uns auf.

Der große Bruder

Martin und Susi schaukeln im Garten.
Irmi läuft zum Puppenwagen und nimmt Mimi heraus.
Sie rennt mit Mimi durch den Garten.
Oje! Irmi lässt Mimi ins Blumenbeet fallen!
Mimis Haare sind voll Erde und ganz schwarz.

Susi wird wütend und brüllt Irmi an.
Irmi weint und läuft ins Haus.
Mama tröstet sie.
Susi ist beleidigt und sperrt sich in ihrem Zimmer ein.
Martin nimmt Mimi und geht ins Badezimmer.
Er wäscht ihr die Haare und föhnt sie.
Dann legt er Mimi vor Susis Tür.

Nach einer Weile kommt Susi aus ihrem Zimmer.
Mimi hat ja wieder ihren Wuschelkopf!
Da steht Irmi plötzlich neben Susi.
„Bist du noch böse?“

→AH: 13 →BiSt: LE 1.1, 2.1, 3.7, HSR 3.1

Melanie und Tante Knuddel

Es ist wieder mal so weit:
Tante Knuddel kommt auf Besuch.
Eigentlich heißt Tante Knuddel Gertrud, also: Tante Gertrud.
Melanie nennt sie aber Tante Knuddel. Warum wohl?

Tante Knuddel kommt zur Tür herein, stürzt sich auf Papa,
drückt ihn ganz fest,
schmatzt ihm einen Kuss auf die Wange und ruft:
„Klaus, lass dich mal knuddeln!“

Papa sieht ganz steif aus und schaut,
als hätte er Zitronensaft getrunken.
Dasselbe dann bei Mama:
Drücken, Schmatzen, Knuddeln.
Mama zieht die Nase in Falten
und geht Kaffee kochen.

Dann ist Melanie an der Reihe.
Vor dem Drücken und Schmatzen
hebt Tante Knuddel Melanie hoch
und ruft: „Goldschatz“ und „Püppchen“
und knuddelt, was das Zeug hält.

Melanie hat es gründlich satt!
Erstens ist sie kein Püppchen, sondern ein großes Mädchen.
Und zweitens will sie nicht geknuddelt werden.
Jedenfalls nicht von Tante Knuddel
und nicht ohne gefragt zu werden.

Sie läuft ins Kinderzimmer, holt die Puppe,
die sie am wenigsten mag,
drückt sie Tante Knuddel in die Hand und sagt:

„Hier hast du ein Püppchen,
das kannst du knuddeln, soviel du magst.
Ich will nämlich nicht geknuddelt werden."
Tante Knuddel macht große Augen
und reißt den Mund auf.
Papa und Mama grinsen.
Zuerst war Tante Knuddel eingeschnappt.
Aber sie hat sich wieder beruhigt.

Jedenfalls mit dem Knuddeln war Schluss!

Gisela Braun

Liebste Mecker-Oma

„Tina, aufräumen!", sagt Oma. Sie schaut auf das Durcheinander in Tinas Zimmer. Legosteine und Puppen, Kleider und Bücher, Autos und Bilder, ein Malkasten und Glaskugeln …

Tina sitzt in der Ecke und malt. Tina hört Oma gar nicht zu. Was Oma immer will! „Du sollst aufräumen!", sagt Oma noch einmal. „Du bist ja eine richtige Rumpel-Tina!" Tina hört auf zu malen. Sie ärgert sich. Dann sagt sie: „Und du bist eine Rumpel-Oma! Und eine Mecker-Oma!" Ob Oma jetzt wütend wird? Tina hält die Luft an. Oma hält auch die Luft an. Tina schaut zu Oma. Oma schaut zu Tina. Dann müssen sie auf einmal beide lachen.

„Plapper-Tina!“, ruft Oma.
„Mecker-Oma!“, ruft Tina.
„Hampel-Tina!“, sagt Oma.
„Pumpel-Oma!“, ruft Tina.
Sie schauen sich an und lachen.
„Und wer räumt jetzt auf?“, fragt Oma.
„Die Rumpel-Plapper-Tina!“, sagt Tina.
„Und die Rumpel-Mecker-Oma hilft ihr“, sagt Oma.

Nachdem sie zusammen aufgeräumt haben,
sagt Tina: „Du bist die liebste Mecker-Oma,
sogar die liebste Mecker-Oma der Welt!“
„Und du bist die liebste Rumpel-Tina der Welt!“,
sagt Oma.
„Wir passen gut zusammen!“

Elisabeth Zöller

Wenn Mama ins Büro geht

Wenn Mama ins Büro geht
und Papa bleibt zu Haus,
dann schaun die Leute komisch
und kennen sich nicht aus.

Dass er bei mir zu Hause bleibt,
das haben wir besprochen.
Ich bin ja jetzt schon ziemlich groß
und helfe ihm beim Kochen.

Dann essen wir und waschen ab,
versuchen aufzuräumen.
Der Papa liest mir etwas vor,
wir spielen und wir träumen.

Und kommt die Mama abends heim,
so haben wir viel Spaß.
Die Mama macht die Leute nach,
erzählt uns dies und das.

Wir sitzen um den runden Tisch,
sind hungrig wie drei Raben
und essen Käse, Speck und Brot –
vergnügt, weil wir uns haben.

Georg Bydlinski

→AH: 16 →BiSt: LE 2.2, 6.1, 6.2, 7.2

Freunde

Stefan kommt oft auf den Spielplatz. Seit seinem Unfall ist er gelähmt. Er kann nicht mehr gehen. Er kann nur mit dem Rollstuhl fahren. Mit seinen Armen bewegt er die Räder.

Bei vielen Spielen muss er zuschauen. Aber bei Ballspielen kann er oft mitmachen, denn er hat viel Kraft in seinen Armen. Er kann weit und hoch werfen.

Basketball macht ihm besonderen Spaß. Er trainiert gerne. Ganz oft trifft er in den Korb. „Bravo!", rufen seine Freunde und freuen sich mit ihm.

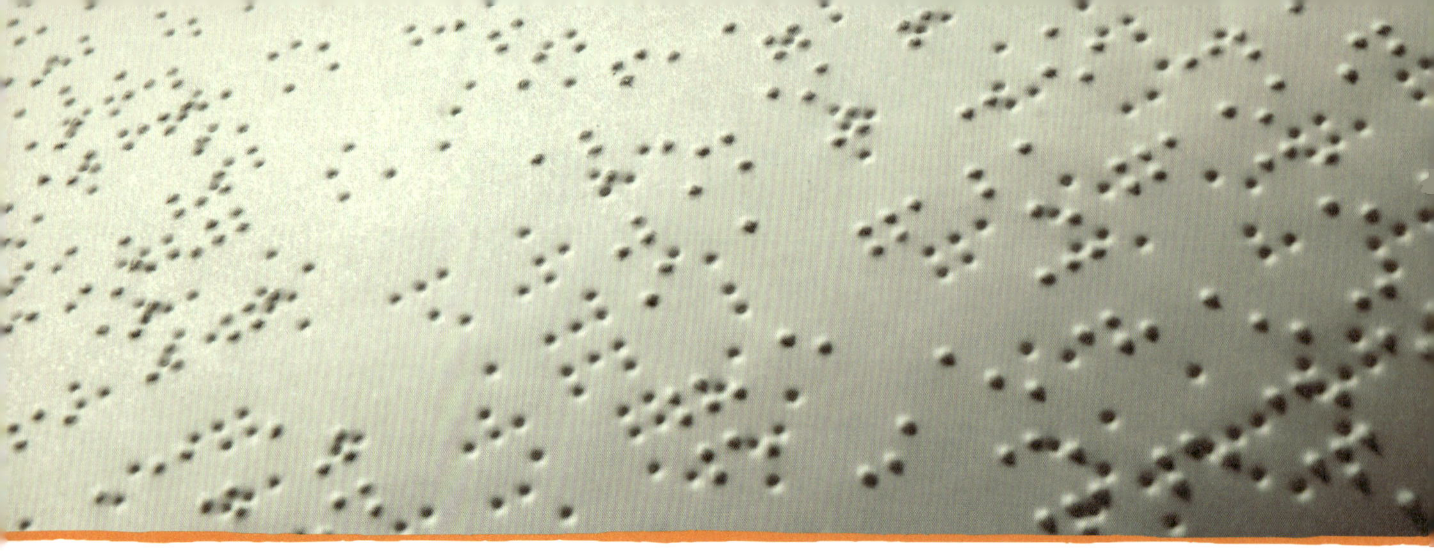

Blindenschrift

Alle Buchstaben sind Zeichen.
Wenn man aber blind ist
oder sehbehindert,
braucht man fühlbare Zeichen.

Hast du diese Schrift
schon einmal gesehen oder gefühlt?

Diese Schrift funktioniert auch als Geheimschrift!

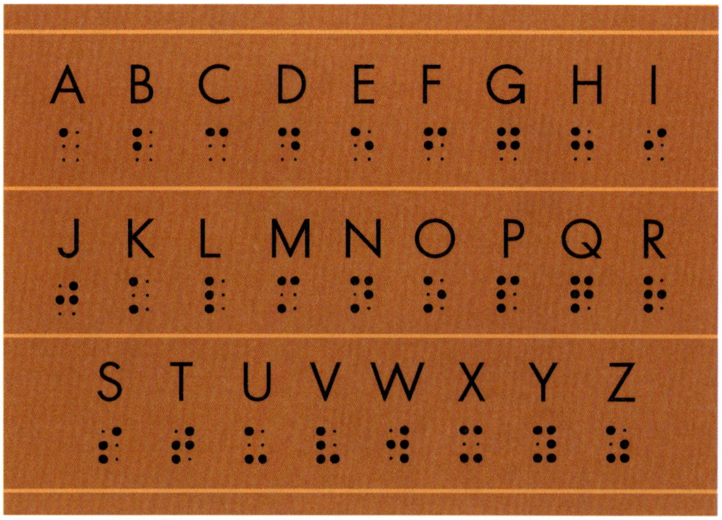

→AH: 17 →BiSt: LE 7.1, VT 1.1

Lukas ist blind

Noch nie konnte Lukas etwas sehen. Er ist jetzt sechs Jahre alt und kommt bald in die Schule.

Viele Sachen kann er schon ganz alleine. Er zieht sich selbstständig an und geht allein auf die Toilette.

Oft besucht ihn sein Freund Christian. Dann spielen sie mit seinen Autos. Draußen im Sandkasten bauen sie für die Autos Straßen.

Gerne würde er mit den anderen Fußball spielen. Aber das kann er nicht. Dafür geht er zweimal in der Woche zum Schwimmtraining.

Lukas geht auch gerne in den Zoo. Lies die Geschichte auf Seite 49.

Manchmal

Manchmal, da habe ich eine Angst.
Manchmal, da habe ich einen Zorn.
Manchmal, da habe ich eine Wut.

Manchmal, da habe ich keine Freude.
Manchmal, da habe ich kein Vertrauen.
Manchmal, da habe ich keinen Mut.

Aber manchmal,
da kommt plötzlich jemand
und fragt mich:
„Komm du,
geht´s dir nicht gut?“

Hans Manz

→AH: 18 →BiSt: LE 2.2, HSR 1.2, 1.3, 3.1

Wann Freunde wichtig sind

Freunde sind wichtig
zum Sandburgenbauen,
Freunde sind wichtig,
wenn andre dich hauen,
Freunde sind wichtig
zum Schneckenhaussuchen,
Freunde sind wichtig
zum Essen von Kuchen.

Vormittags, abends,
im Freien, im Zimmer …
Wann Freunde wichtig sind?
Eigentlich immer!

Georg Bydlinski

E-Mail für dich

Hallo Lorenz,

ich möchte dich gerne einladen.
Hast du Lust, morgen zu mir zu kommen?
Wir könnten mit meiner neuen Ritterburg spielen.

Liebe Grüße
Oskar

Lieber Oskar,

ich komme gerne!
Meine Mama holt mich zuerst von der Schule ab,
dann bringt sie mich zu dir.
Ich bin schon gespannt auf deine neue Ritterburg.

Bis bald!
Lorenz

Hallo Lorenz!

Super! Vielleicht möchte Alwin auch kommen.
Ich schicke ihm gleich ein Mail.
Dann könnten wir eine riesige Burganlage bauen.

Ich freue mich schon sehr!
Oskar

Hallo Alwin!

Ich habe Lorenz eingeladen, er kommt morgen zu mir.
Möchtest du mich auch besuchen?
Wir möchten eine große Ritterburg bauen.

Liebe Grüße
Oskar

Hallo Oskar!

Logo!
Ich bringe meinen neuen Drachen mit!
Darf ich gleich nach der Schule mit dir mitkommen?

:o) Alwin

Wenn der Bär nach Hause kommt

Wenn der Bär nach Hause kommt,
dann freun sich alle sehr,
denn meistens bringt er Honig mit
und manchmal auch viel mehr.

Wenn der Bär sich ausruhn will,
dann legt er sich aufs Ohr.
Die Bärin holt sein Lieblingsbuch
und liest ihm daraus vor.

Wenn der Bär Bekannte trifft,
dann grüßt er mit dem Hut.
Die Leute fragen: „Na, wie geht`s?“,
und er sagt: „Danke, gut.“

Wenn der Bär erzählen soll,
erzählt er tolle Sachen.
Manchmal etwas Trauriges
und manchmal was zum Lachen.

Wenn der Bär zum Schwimmen geht,
dann geht die Bärin mit.
Wenn einer zu Besuch da ist,
dann gehen sie zu dritt.

Wenn der Bär verreisen will,
dann packt er seine Taschen:
frische Wäsche, Proviant
und allerlei zum Naschen.

Wenn er nichts zu fressen hat,
dann sucht der Bär sich Futter.
Und wenn er selbst nichts finden kann,
dann fragt er seine Mutter.

Manchmal ist der Bär allein,
dann kommt er mich besuchen.
Wir trinken ein Glas Gänsewein
und essen Marmorkuchen.

Wenn der Bär spazieren geht,
dann singt er Wanderlieder.
Schade ist, er kennt nur eins,
das singt er immer wieder.

Morgen wird das Wetter gut,
dann sitzt der Bär im Garten.
Er spielt mit Freunden „Fang den Hut!"
und Domino und Karten.

Frantz Wittkamp

Tiere und Pflanzen

Da sagten die Tiere zum kleinen Indianer:
„Vergiss nie, dass wir alle deine Brüder sind!"

Sommer

In einer Wiese gehn,
sie anschaun und verstummen:
Die Blumen leuchten schön,
die Bienen summen,
Käfer krabbeln im Gras,
Ameisen schleppen dies und das,
eine pelzige Hummel
fliegt mit Gebrummel
über die Gräser dahin.
Ganz weiß und leise
geht ein Schmetterling
auf die Reise ...

Hoffentlich bleibt diese Wiese
noch viele, viele Jahre so!

Georg Bydlinski

→AH: 21 →BiSt: LE 2.2, 3.2, 5.2

Reime raten

Wer sitzt im Grase?
Ein brauner ...

Im Baum singt ganz leise
eine kleine ...

Unter der Hecke
kriecht eine ...

Auf den Blumen schaukelt ein buntes Ding.
Das ist sicher ein ...

Ein Loch in der Erde ist das Haus
für eine flinke, graue ...

Nina und der Wald

Nina und der Großvater gehen im Wald spazieren.
Nina schiebt einen Blätterhaufen vor sich her.
Das raschelt so schön.
Blätter fliegen ringsum wie Schmetterlinge.
Der Großvater bleibt stehen.
„Horch", sagt er.
Nina bleibt auch stehen. Sie hört Äste knacken.
Sie hört, wie ein kleines Tier durchs Gestrüpp wuselt.
Sie hört einen Vogel rufen, ganz leise: „Ziwitt!"
Sie hört den Wind in den Blättern rauschen.
Der Großvater legt den Finger auf den Mund.
Nina horcht, so sehr sie kann.
Sie hört in der Ferne die Autos sausen.
Sie hört ihren eigenen Atem und den vom Großvater.
„Hörst du die Stille?",
fragt Großvater eine Weile später.
„Nein", sagt Nina.

Renate Welsh

→AH: 23 →BiSt: LE 2.2

Auf der Wiese

Eva, Johanna und Jakob
sind auf der Wiese.
Sie freuen sich über die Blumen,
Blätter und Gräser.

Jakob pustet die Samen des Löwenzahns
hoch in die Luft.

Johanna und Eva basteln
Schmuck aus Gänseblümchen.
Sie kleben sich die Blüten
mit dem Saft des Löwenzahns
an die Ohren.

Aus Blättern und Steinen legen sie Tiere.
Erkennst du sie?

Löwenzahn-Post

Die Baummaus saß auf einem Stein und guckte in die Luft. Plötzlich sah sie seltsame Dinger daherfliegen.

Die Maus fing eines der fliegenden Stäbchen und ging in die Richtung, aus der sie geflogen kamen. „Was ist das?", dachte sie.

Kurz darauf sah sie die Lösung des Rätsels. Es waren Löwenzahnsamen, die der Wind davonwehte! Die Baummaus hatte wieder einmal eine gute Idee …

→AH: 24 →BiSt: LE 1.2, 2.2. 3.2, VT 1.1

Sie lief rasch nach Hause
und schrieb viele, viele Briefe
an ihre Freunde – an die Grasmäuse,
die Schilfmäuse, die Feldmäuse,
die Erdmäuse, die Wassermäuse
und wie sie alle heißen.

Dann nahm sie die Briefe
und trug sie zu den
Löwenzahnpflanzen.

Jeden Brief klebte sie an einen Löwenzahnsamen
und warf ihn dann in die Luft.
Der Wind wehte sie schnell davon.

„Fliegt! Fliegt!“, rief die Baummaus.
„Fliegt zu meinen Freunden!“

Wir wollen hoffen,
dass die Briefe alle
angekommen sind!

Erwin Moser

→ AH: 25

Das kleine Glühwürmchen

Als die Sonne unterging,
wurde das kleine Glühwürmchen geboren.
Mit Schwung breitete es seine Flügel aus
und flog in die Nacht hinein.
Es fühlte sich allein, leuchtete umher
und suchte nach anderen Glühwürmchen.

Da sah das Glühwürmchen ein Licht
und flog ihm entgegen.
Aber ach, es war kein anderes Glühwürmchen.
Es war eine Kerze,
die mit ihrem Licht ins Dunkel strahlte.

Wieder sah das Glühwürmchen ein Licht
und flog ihm entgegen.
Aber ach, es war kein anderes Glühwürmchen.
Es war eine Taschenlampe,
die mit ihrem Licht ins Dunkel strahlte.

Wieder sah das Glühwürmchen ein Licht
und flog ihm entgegen.
Aber ach, es war kein anderes Glühwürmchen.
Es war eine Laterne,
die mit ihrem Licht ins Dunkel strahlte.

Wieder sah das Glühwürmchen Lichter
und flog ihnen entgegen.
Aber ach, es waren keine Glühwürmchen.
Es war ein Hund, es war eine Katze, und es war eine Eule.
In ihren Augen spiegelte sich
das Licht der Kerze,
das Licht der Taschenlampe,
das Licht der Laterne.

Wieder sah das Glühwürmchen Lichter leuchten
und flog ihnen entgegen.
Aber ach, es war kein anderes Glühwürmchen.
Es waren die Scheinwerfer eines Autos,
die mit ihrem Licht ins Dunkel strahlten.

Als es wieder still und dunkel war,
flog das Glühwürmchen weiter,
leuchtete umher und suchte
nach anderen Glühwürmchen.
Und da sah es auf einmal das, wonach es suchte:
einen Schwarm Glühwürmchen,
die im Dunkeln leuchteten und blinkten.

Nun war das Glühwürmchen nicht mehr allein.

Eric Carle

Bauernhoftiere

Kuh

Die Kuh ist das weibliche Rind.
Auf dem Kopf trägt sie Hörner.
Ihr Junges heißt Kalb,
das Männchen ist der Stier.
Kühe fressen Gras und Heu.
Aus Kuhmilch wird Butter,
Joghurt und Käse hergestellt.

Schwein

Das weibliche Schwein heißt Sau,
das männliche Schwein Eber
und die Jungen sind die Ferkel.
Schweine fressen einfach alles gern.
Sie werden gezüchtet,
weil viele Menschen
gerne Schweinefleisch essen.

Huhn

Das weibliche Huhn
ist die Henne,
das Männchen heißt Hahn
und die Jungen Küken.
Hühner fressen Körner
und Würmer.
Menschen züchten Hühner,
weil die Hennen Eier legen.

→AH: 28 →BiSt: LE 1.2, 2.2, 3.2, 7.1

Urlaub auf dem Bauernhof

Im Sommer fahren Mama und Papa
mit Susi, Irmi und Martin
auf einen Bauernhof.
Mimi darf auch mit.
Ami und Mia bleiben zu Hause.
Oma wird auf sie aufpassen.

Auf dem Bauernhof gibt es viele Tiere.
Martin mag die Pferde am liebsten.
Einmal darf er reiten.
Der Bauer hilft ihm auf das Pferd.
Er führt Martins Pferd herum.
Das ist lustig.
Dann kommt Susi an die Reihe.

Mama und Irmi spielen
mit den kleinen Kaninchen.
Das schwarze gefällt Irmi am besten.
Mimi darf nicht in den Hasenstall,
weil sie schmutzig werden könnte.

Mama und Papa machen viele Fotos.
Oma und Opa werden staunen.

Zootiere

Elefant

Elefanten sind die größten Tiere,
die am Land leben.
Sie sind Pflanzenfresser.
Ein erwachsenes Tier braucht
jeden Tag etwa 200 Kilo Futter
und bis zu 100 Liter Wasser.

Tiger

Tiger sind Raubkatzen.
Sie leben im Dschungel.
Sie pirschen sich bei der Jagd an.
Wenn das Beutetier nahe ist,
springt der Tiger es an.
So ein Sprung kann
zehn Meter weit sein.

Koala

Koalas gibt es nur in Australien.
Sie sind Beuteltiere, keine Bären.
Koalas ernähren sich fast nur
von den Blättern, der Rinde
und den Früchten von
Eukalyptus-Bäumen.
Sie schlafen täglich fast 20 Stunden.

→AH: 30 →BiSt: LE 1.2, 2.3, 3.2, 7.1, VT 1.1, 1.2, HSR 1.1, 2.2

Wie Lukas den Zoo erlebt

Heute darf Lukas mit Papa in den Zoo gehen.
Bereits am Eingang sagt er:
„Ich kann die Tiere schon riechen."

Staunend hört er die Elefanten trompeten.
„Die müssen aber groß sein", meint er.
Sein Vater beschreibt ihm alles.
Es dauert lange,
bis sie zum nächsten Tier gehen.
Aber Lukas will so viel wissen.

Im Streichelzoo gefällt es Lukas am besten.
Vorsichtig befühlt er das Fell der Tiere.
Er kann Ziegen, Schafe und Hasen unterscheiden.

Glücklich fällt er abends ins Bett.

Du kennst den Buben von der
Geschichte auf Seite 29.
Lukas ist blind.

Komm, kleiner Indianer

Es war einmal ein kleiner Indianer, der ging in den Wald und fand den Weg nach Hause nicht mehr. Es war Winter, und es war bitterkalt. Der kleine Indianer setzte sich in den Schnee und weinte.

Da kam ein brauner Bär und sagte: „Komm zu mir in meine Höhle! Dort hast du es warm." Der Fuchs kam und sagte: „Ich will für dich jagen, kleiner Indianer, damit du zu essen hast."

Auch der Wolf ging für den kleinen Indianer auf die Jagd. Die Vögel suchten Beeren, die noch an den Sträuchern hingen, und brachten sie dem kleinen Indianer. Das Eichhörnchen brachte Nüsse.

Manchmal dachte der kleine Indianer an seine Eltern zu Hause und wurde traurig. „Sei nicht traurig, kleiner Indianer“, sagten die Tiere und spielten mit ihm, bis er wieder lachte.

Als es Frühling wurde, sagten die Tiere: „Komm, kleiner Indianer! Wir helfen dir den Weg nach Hause zu suchen.“ Sie gingen und gingen.

Endlich fanden sie das Zelt, in dem die Eltern des kleinen Indianers wohnten. „Leb wohl, kleiner Indianer!“, sagten die Tiere. „Du hast mit uns gelebt. Vergiss nie, dass wir jetzt alle deine Brüder sind.“

Käthe Recheis/Friedl Hofbauer

Mäusespeck!
Fliegendreck!
Schlechte Laune
fliege weg!

Wenn ein Löwe in die Schule geht

Wenn ein Löwe in die Schule geht,
lernt er:
brüllen und schleichen
und mit weichen
Tatzen
kratzen.

Wenn ein Hase in die Schule geht,
lernt er:
mümmeln*
und lümmeln,
hoppeln und springen,
aber nicht singen.

* fressen

Wenn ein Igel in die Schule geht,
lernt er:
Kugel spielen,
nachts holterdipoltern
und die langen
Schlangen
fangen.

Wenn ein Rasenmäher in die Schule geht,
lernt er:
Rasen scheren,
Ruhe stören,
schneidig blinken
und stinken.

Wenn ein Floh in die Schule geht,
lernt er:
Hochsprung und beißen,
das will schon was heißen.

Wenn die Kinder in die Schule gehn,
lernen sie:
lesen, rechnen, schreiben,
auf den Plätzen bleiben,
sie lernen von Blumen und Spatzen
und warum die Luftballons platzen.

Wenn der Schnittlauch in die Schule geht,
lernt er:
sich recken und strecken,
schön grün sein
und auf dem Butterbrot schmecken.

Wenn eine Hexe in die Schule geht,
lernt sie:
auf Besen reiten,
paragleiten,
zaubern und hexen,
sich versteckseln.

Friedl Hofbauer

Familie Räuber

Bei Familie Räuber geht es so zu:

Wenn die Räuberkinder aufgewacht sind,
waschen sie sich nicht, nein, nein,
sie schmieren sich von oben bis unten
mit Schmutz voll.
Sie kämmen sich auch nicht, nein, nein,
sie stecken die Haare in den Honigtopf.

Und sie putzen sich nicht
die Zähne mit der Zahnbürste, nein, nein,
sie bürsten sich gegenseitig
mit dem großen Besen über das Gesicht.
Das genügt.

Wenn es bei Familie Räuber etwas zu essen gibt,
setzen sich die Räuberkinder
nicht ordentlich an den gedeckten Tisch,
nein, nein,
erst reißen sie das Tischtuch
mit allem Geschirr herunter.

Wenn dann noch ein Teller ganz ist,
werfen sie ihn die Stiege hinunter,
und die Messer, Gabeln und Löffel
werfen sie aus dem Fenster.

Sie machen aber nicht vorher die Fenster auf,
nein, nein,
alles fliegt durch die Scheiben,
die in tausend Scherben zersplittern.

Heinrich Hannover

Fünf Gespenster

Fünf Gespenster
hocken vor dem Fenster.
Das erste schreit: „Haaaaaaa!"
Das zweite heult: „Hooooooo!"
Das dritte brummt: „Huuuuuuu!"
Das vierte lacht: „Hiiiiii!"
Das fünfte schwebt
zu dir herein und flüstert:
„Woll´n wir Freunde sein?"

Dorothée Kreusch-Jacob

→AH: 35 →BiSt: LE 1.1, 2.1, 5.1, VT 1.1, HSR 6.1

Anton, das kleine Gespenst

„Huuuu, huuu“,
heult es durch den Wald.
Das ist Anton,
das kleine Gespenst.

Anton lebt mit seiner Familie
auf einer Burg im Wald.

Anton hat eine gute Freundin:
Das ist Resi, eine rosa Ratte.
Sie schläft unter dem Bett.

Resi geht mit Anton
und anderen Gespenstern
in die Gespensterschule.
Ihr Lehrer ist ein sehr
kluges Gespenst.
Dort haben sie viel Spaß.

In der alten Felsenhöhle

In der alten Felsenhöhle
mixt die Hexe mit Gegröle
ihre schlimmen Hexen-Öle:
Rabenschnäbel,
Räubersäbel,
Hungersteine,
Spinnenbeine,
Zirbeldrüse,
Krötenfüße,
Kräutersud
und Drachenblut.
Noch ein wenig Rattenspeck,
eine Prise Hühnerdreck
und ein bisschen Fensterkitt.
Ich wünsche guten Appetit!

Paul Maar

Glaubst du das?

Ich bin auf dem Regenbogen gesessen.
Ich kann einen Korb voll Zitronen essen.
Ich hab einen Walfisch durchs Meer gezogen.
Ich bin wie ein Vogel zum Kirchturm geflogen.
Ich bin in der Wüste Rollschuh gelaufen.
Ich werde mir eine Sternschnuppe kaufen.
Ich hebe mit einer Hand ein Klavier.
Der wildeste Tiger hat Angst vor mir.
Und zu Hause hab ich ein Känguru,
das boxt besser als du!

Vera Ferra-Mikura

Hoffentlich

Hoffentlich, dachte der Schuster,
als er um Mitternacht
wie ein Stein ins Bett fiel,

hoffentlich
kommt morgen nicht schon wieder
ein Tausendfüßler!

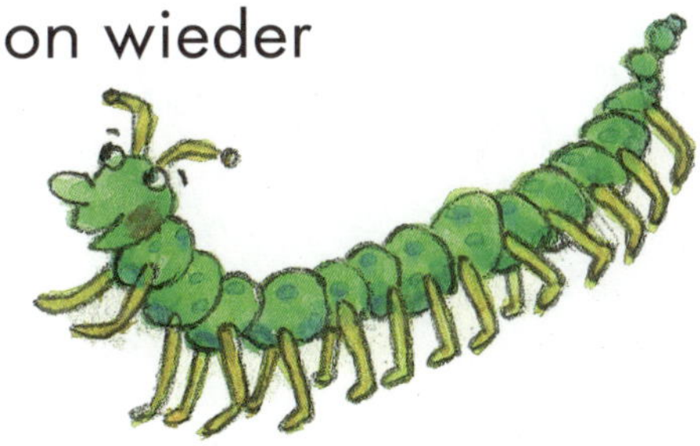

Georg Bydlinski

Unsere Welt

Auf der Erde kann ich stehn,
vieles kann in ihr geschehn,
vieles wächst aus ihr heraus.
Auf der Erde steht mein Haus.

Erde, das ist Ackerland,
Meeresstrand und Wüstensand,
Straße, Urwald, Fels und Stein –
alles das kann Erde sein.

Wolf Harranth

Ich denke

Ich bleibe in der Früh immer gern
noch ein paar Minuten liegen.
Du nicht?
Dann denke ich ein bisschen nach.
Ich denke:
Ich bin ein Mensch
und bin im Bett,
und das Bett ist im Zimmer,
und das Zimmer ist im Haus,
und das Haus ist am Weg,
und der Weg ist in der Stadt,
und die Stadt ist im Land,
und das Land ist auf der Erde.

Und auf der Erde ist ein anderes Land,
und im anderen Land ist eine andere Stadt,
und in der Stadt ist ein anderer Weg,
und am Weg ist ein anderes Haus,
und im Haus ist ein anderes Zimmer,
und im Zimmer ist ein anderes Bett,
und im anderen Bett
ist auch ein Mensch.

Hans Manz

→AH: 39 →BiSt: LE 2.2, 3.2, 4.2, HSR 4.1

Bruder Jakob

Dieses Lied ist weltbekannt. Es wird in vielen Sprachen gesungen:

„Bruder Jakob" auf Englisch:

Are you sleeping,
are you sleeping,
brother John,
brother John?
Morning bells are ringing,
morning bells are ringing,
ding, dang, dong,
ding, dang, dong.

„Bruder Jakob" auf Französisch:

Frère Jacques, frère Jacques,
dormez vous,
dormez vous?
Sonnez les matines,
sonnez les matines,
ding, din, don,
ding, din, don.

Menschen wohnen

Fast überall auf der Erde leben Menschen.
Die Häuser, die sie sich bauen,
sind verschieden.
Aber ein Dach über dem Kopf braucht jeder.

In Österreich gibt es
viele Bauernhäuser.
Hier leben Menschen und Tiere
oft eng beieinander.

In den großen Städten Chinas
leben sehr viele Menschen.
Um Platz zu sparen,
bauen sie riesige Hochhäuser.

Lehmhäuser in Syrien
schützen vor der großen Hitze.
In diesen Wohnungen
ist es dunkel,
aber angenehm kühl.

In Norwegen
leben viele Menschen
in bunten Holzhäusern.

Im Norden Thailands
ist der Boden oft sehr nass.
Deshalb müssen die Häuser
hier auf Pfählen stehen.

In der Wüste

Die Sahara in Afrika
ist die größte Wüste der Welt.

Dort regnet es fast nie.
Tagsüber ist es glühend heiß,
nachts ist es bitterkalt.

Für Menschen und Tiere
ist das Leben hier sehr schwer.

Doch Nomaden können hier leben.
Sie ziehen mit ihren Ziegen umher,
um neues Weideland zu finden.
Wenn die Tiere alles
abgefressen haben,
bauen die Nomaden ihre Zelte ab
und wandern weiter.

Die Nomaden in der Sahara
heißen Tuareg.

Das Dromedar ist ein wichtiger Helfer der Tuareg.

Es hat große Füße. So kann es nicht im Sand versinken.

Mehrere Tage kommt das Dromedar ohne Wasser aus. Trotzdem kann es schwere Lasten tragen.

Bei Pausen sollen die Dromedare nicht davonlaufen. Die Tuareg fesseln ihnen einfach die Hinterbeine.

Vulkane

Im Inneren der Erde ist es sehr heiß.
Es ist so heiß,
dass hier sogar Steine schmelzen.
Dieser Brei aus Steinen heißt Magma.

Die Erdkruste sorgt dafür,
dass das Magma unter der Erde bleibt.

Manchmal bricht jedoch die Erdkruste
an dünnen Stellen.
Mit großem Druck
wird das Magma herausgeschleudert.

Ein Vulkan bricht aus.
Es sieht aus,
als ob ein Berg Feuer speit.

Magma kühlt ab.
Lava fließt den Berg hinab.
Alles, was dem Lavafluss
den Weg versperrt,
verbrennt in wenigen Sekunden.

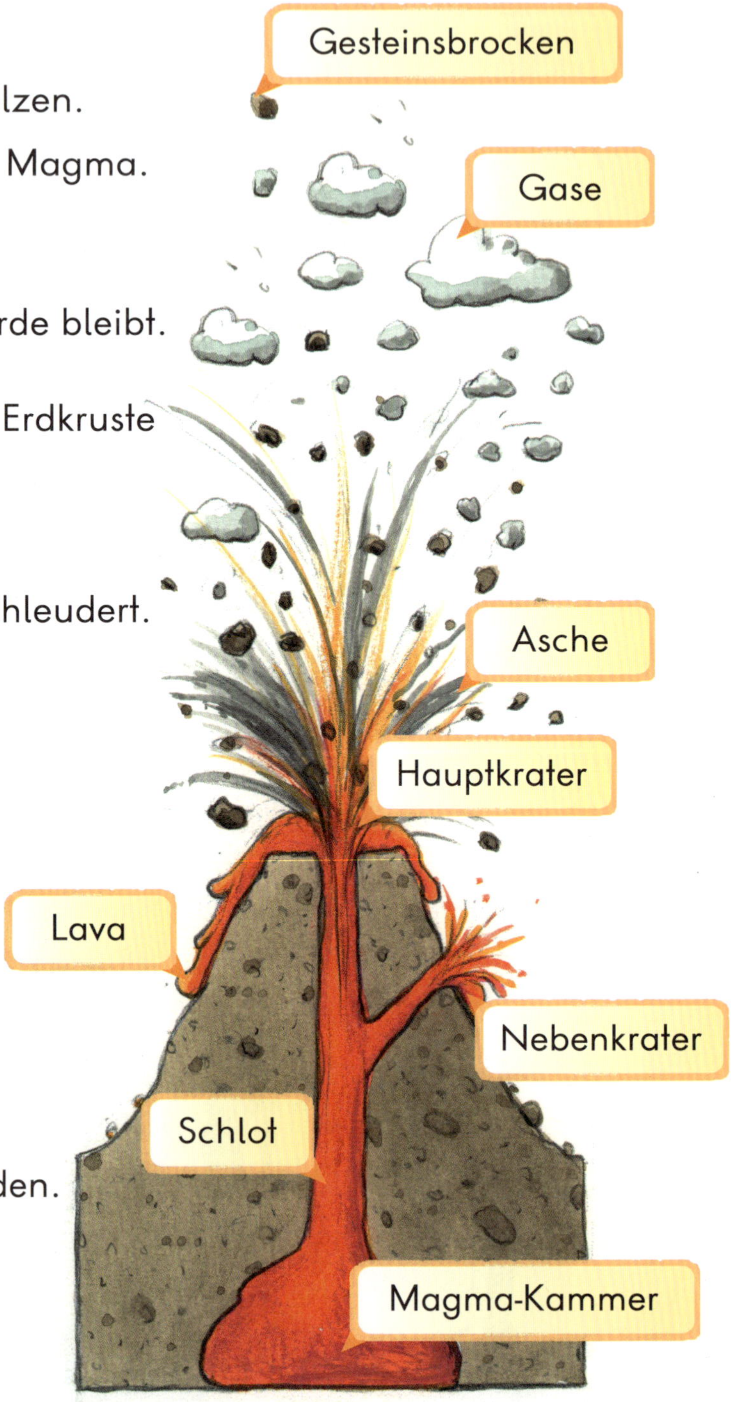

→AH: 43 →BiSt: LE 1.2, 2.2, 7.1

Ewiges Eis

Vor etwa 100 Jahren
wollten besonders mutige und tapfere Männer
den Südpol erobern.
Dabei mussten sie wochenlang
bei eisiger Kälte
endlose Schneewüsten durchqueren.

Schlittenhunde zogen
Verpflegung und Ausrüstung der Männer.
Trotz guter Vorbereitung
mussten viele Menschen und Tiere
auf der Expedition sterben.

Heute gibt es am Südpol
mehrere Forschungsstationen.
Sie messen Temperaturen und Windstärken
und beobachten Tiere und Pflanzen.

Überleben können die Forscher aber nur
fest eingeschlossen in besonderen Häusern.
Hubschrauber bringen bei gutem Wetter
die Verpflegung.

Im tropischen Regenwald

Genau in der Mitte
zwischen Nordpol und Südpol
liegt der Äquator.
Wie ein Gürtel
erstrecken sich hier riesige Wälder
rund um die Erdkugel.

Sie heißen Regenwälder,
weil es dort fast jeden Tag
kräftig regnet.

Hier ist es nie kalt oder trocken.
Die Luft ist immer heiß und feucht.

Bäume und Pflanzen wachsen sehr hoch.
Sie tragen prächtige Blüten
und sehr viele Früchte.

Fast alle Tiere, die hier leben,
können fliegen oder klettern.
So erreichen sie die Nahrung
hoch oben in den Bäumen.

Für die Menschen im Regenwald sind die Wege in größere Orte und Städte meist sehr weit und beschwerlich. Oft werden Flüsse als Wege genutzt.

Wenn Markttag ist, schleppen die Frauen schon früh am Morgen ihre Waren auf die Boote: Töpfe, Schüsseln, Körbe voll mit Früchten und Gemüse. Auch kleine Tiere, wie Hühner und Ziegen, nehmen sie mit.

Die Frauen verkaufen und kaufen. Viele Kinder müssen mithelfen. Sie machen das aber sehr gerne, denn so ein Markttag ist immer sehr aufregend.

Ball Ball Ball

Ein Ball kann Menschen
auf der ganzen Welt begeistern.

Ob jung oder alt,
ob arm oder reich –
alle spielen gerne Ball.

Die Menschen haben
viele Ballspiele erfunden.
Sie tragen
Meisterschaften und Turniere aus.
Dabei gelten weltweit dieselben Regeln.

Ball
Fußball Boccia
Handball Tennis
Basketball Volleyball
Kegeln Wasserball
Billard Tischtennis
Golf

Du kannst auch jederzeit
alleine mit dem Ball spielen
und Kunststücke ausprobieren.

→ AH: 49 → BiSt: LE 2.2, 3.2, SPB 2.2

Felipe, der Fußballstar

Ein Pfiff ertönt.
Felipe rennt aus der Hütte.
Seine Freunde warten schon
mit einem Fußball auf ihn.

Er muss unbedingt mitkommen,
denn gleich fängt das Spiel
gegen das Nachbardorf an.

Felipe ist der beste Stürmer.
Er ist schneller als alle anderen.
Dabei bewegt er sich
so elegant wie ein Tänzer.
Auf ihn ist Verlass.
Er schießt immer ein Tor.

Und wirklich!
Auch heute trifft er zweimal.
Die Zuschauer jubeln:
„Felipe! Felipe!"
Sein Trainer wettet:
„Du spielst sicher bald für Brasilien
in der Nationalmannschaft!"

Jahreszeiten

Januar, Februar, März, April,
die Jahresuhr steht niemals still.

Rolf Zuckowski

Martin, der Helfer

Der Winter ist sehr kalt.
Überall ist Schnee und Eis.
Niemand will aus dem Haus gehen.

Aber die römischen Soldaten
müssen in die Stadt reiten.
Der Soldat Martin ist auch dabei.
Ein langer, warmer Mantel
schützt ihn vor der Kälte.

Am Stadttor steht ein Bettler.
Martin hat Mitleid mit ihm.
Martin hat aber nur Waffen bei sich.
Er sagt zum Bettler:
„Leider habe ich nichts,
was ich dir geben kann."

Doch dann sieht er,
wie der Bettler
in der eisigen Kälte zittert.
Er nimmt sein Schwert
und teilt seinen Mantel.
Einen Teil gibt er dem Bettler.
Den anderen Teil hängt er sich um.

Schnell reitet er weiter.

→AH: 51 →BiSt: LE 2.2, 3.2, HSR 4.1

Die Martinslaterne

Die Kinder sammeln sich vor der Kirche. Eben haben sie die Geschichte vom heiligen Martin gehört. Nun leuchten ihre Laternen in der Dunkelheit.

Ein Pferd mit Reiter führt den Zug an. Eine kleine Blaskapelle spielt Martinslieder und die Kinder singen mit. Fröhlich gehen sie durch die Straßen.

Nur ein kleiner Junge schluchzt. Tränen laufen über sein Gesicht. Sein Licht in der Laterne ist ausgegangen. Ein großes Mädchen schaut nach. „Schade, die Batterie ist leer!", ruft sie.

Tom beobachtet den traurigen Jungen und wird nachdenklich. Plötzlich gibt er ihm seine Laterne und sagt: „Komm, du darfst meine Laterne tragen." Der kleine Junge staunt. Seine Augen leuchten.

Nikolaus

Morgen kommt der Nikolaus.
Susi schläft schlecht.

Na, so was!
Da kommt doch Mimi als Nikolaus.
Sie geht zu Ami und Mia.
Mimi spricht ganz laut:
„Draußen vom Walde komm ich her.
Ami, ich muss dir sagen,
dass du recht gut das Haus bewachst.
Aber du darfst nicht immer die Mia jagen."

Mia schnuppert und kratzt am Sack.
„Nein, Mia! Hör zu!", sagt der kleine Nikolaus.
„Du hast viele Mäuse gefangen. Prima!
Nur sollst du die toten Mäuse
nicht ins Haus bringen.
Friss sie bitte draußen!"

Ami und Mia zerren am Sack.
„Ja, ja, ich habe euch etwas mitgebracht."
Nun will sie eine Wurst verteilen.
Doch die beiden streiten sich um die Wurst.
Da schreit Mimi laut:
„Mit euch spiele ich nie mehr Nikolaus!"

Susi wird wach.
Sie schaut zu Mimi.
Mimi liegt ganz ruhig in ihrem Bettchen.

→AH: 53 →BiSt: LE 2.2, 4.2, VT 1.5, HSR 3.1

Kekse backen

3 Tassen Mehl
1 Tasse Butter
1 Tasse Zucker
1 Ei
mit etwas Milch
vermischen und
gut durchkneten.

Den Teig im Kühlschrank 2 Stunden rasten lassen.

Den Teig ausrollen
und Kekse
mit verschiedenen
Formen ausstechen.

Die Kekse auf ein
Backblech legen
und bei 180 Grad
im Backrohr backen,
bis sie goldbraun aussehen.
Das dauert ungefähr
15 Minuten.
Danach verzieren
nach Lust und Laune!

Jakob wartet auf Weihnachten

Die Mutter zündet die erste Kerze auf dem Adventkranz an. Jakob schaut in den Kerzenschein. „Warum muss man so lange auf das Christkind warten?“, fragt er. „Vier große Kerzen lang?“

„Auf etwas Schönes muss man meistens warten“, sagt die Mutter. „Etwas Schönes braucht Zeit zum Wachsen. Zum Beispiel, bis ein Kind geboren wird. Damals haben die Menschen lange Zeit auf die Geburt des Christkinds gewartet. Wann kommt es denn endlich?, haben sie gefragt. Auch die Mutter Maria hat viele Monate lang gewartet, bis sie das Christkind zur Welt bringen konnte.“

„Hast du auf mich auch so lang warten müssen?“, fragt Jakob. „Ja freilich“, sagt die Mutter. „Dafür war ich dann schön, und du hast dich gefreut“, sagt Jakob. „Sehr gefreut“, sagt die Mutter. Jakob schaut wieder in den Kerzenschein. „Miteinander warten ist nicht so arg“, sagt er.

Lene Mayer-Skumanz

Schnee

Hurra! Es hat geschneit.
Überall liegt viel Schnee.
Die Bäume biegen sich.
Die Sträucher sehen wie Schneeberge aus.

Susi trifft sich mit Freunden
am Schlittenberg.

Eine steile Spur führt
am Waldrand nach unten.
Sabine steht oben und ruft:
„Aus der Bahn!“

Sie fährt los.
Der Schlitten wird schnell und schneller.
Sabine kommt aus der Spur.
Mit einem Ruck
bleibt der Schlitten plötzlich
in einem Schneehaufen stecken.
Von einem Baum
fällt eine Masse Schnee auf Sabine.

„Hallo, Schneefrau,
siehst du uns noch?“, ruft Martin.

Sabine lacht
und schüttelt den Schnee ab.
Schnell steigt sie den Berg wieder hinauf.

Frühling

Eines Morgens ist der Frühling da.
Die Mutter sagt,
sie **riecht** ihn in der Luft.

Pit **sieht** den Frühling.
An den Sträuchern im Garten
sind hellgrüne Tupfen.

Anja **hört** den Frühling.
Neben ihr, auf dem Dach,
singen die Vögel.

Unten vor dem Haus
steigt Vater in sein Auto.
Er **fühlt** den Frühling.
Die Sonne scheint warm
auf sein Gesicht.

Aber **schmecken**
kann man den Frühling noch nicht.
Bis die Erdbeeren reif sind,
dauert es noch lange.

Christine Nöstlinger

Einmal im Jahr

Einmal im Jahr
passiert alles, was ich will:
Der Blumentopf kocht über,
meine kleine Schwester
spaziert über die Wohnzimmerdecke,
der Nachrichtensprecher im Radio
liest Liebesbriefe vor,
ich lasse die Lehrerin
einen Aufsatz schreiben
und verbessere ihn streng,
draußen hagelt´s Haselnüsse …

Einmal im Jahr
passiert alles, was ich will.
Meistens am ersten April!

Georg Bydlinski

Die Osterzeit ist da!

Hans Benjamin, der Hase,
läuft zickzack auf dem Feld,
schießt* Purzelbaum im Sonnenschein
und freut sich an der Welt.
Er springt zu allen Hasen,
schlüpft in den Bau und schreit:
„He, aufgewacht! Die Sonne scheint,
und Ostern ist nicht weit!"

Da tummeln sich im Grünen
die Hasen, fern und nah.
Und plötzlich weiß die ganze Welt:
Die Osterzeit ist da!

James Krüss

* schlägt

→AH: 59 →BiSt: LE 2.2, 2.3, 3.2, 5.1

Güneş erzählt von Ostern

Damals, als wir hier ankamen, war gerade Ostern.
Das ist für uns ein fremdes Fest,
weil wir eine andere Religion haben.
Wir sind Moslems.
Aber die bunten Ostereier haben mir gleich gefallen.
Die Frau, die nebenan wohnt,
war von Anfang an nett zu uns.
Ihre Tochter ist ungefähr so alt wie ich.
Sie heißt Marietta.
Am Ostertag brachte mir Marietta
ein Körbchen mit bunten Eiern
und sie hat mir auf Deutsch
die Farben beigebracht.
Ich habe Marietta dann gesagt,
wie sie auf Türkisch heißen:

Rot = kırmızı
Blau = mavi
Gelb = sarı
Grün = yeşil

Da hat Marietta gemerkt,
wie schwer eine fremde Sprache ist.

Tilde Michels

Muttertag

Liebe Mutter, in diesem Sack
sind viele Grüße zum Muttertag.
Auch Blumen habe ich dir gebracht.
Das Bild da hab ich selbst gemacht.
Und alles zusammen soll dir sagen:
ich hab dich lieb –
auch an allen anderen Tagen.

Friedl Hofbauer

Zum Muttertag,
zum Muttertag
sag ich dir, dass ich dich mag,
sag ich dir, dass ich dich brauch.
Und den Papa auch!

Georg Bydlinski

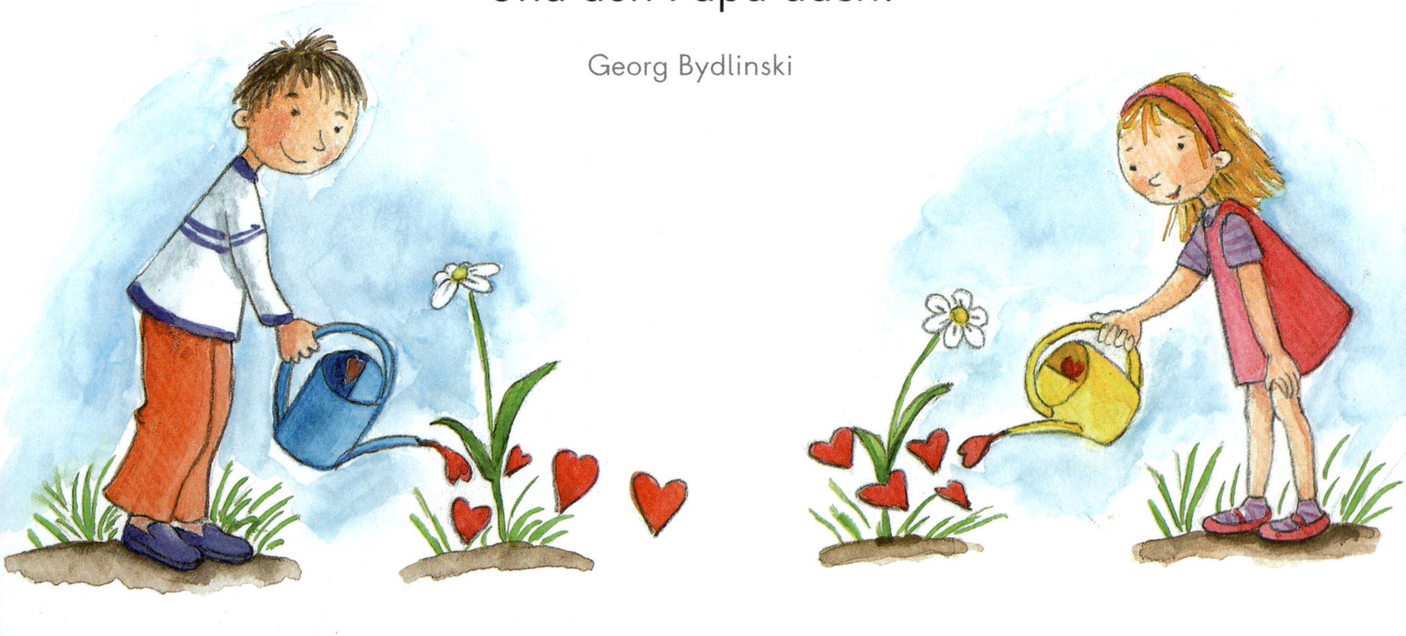

→AH: 61 →BiSt: LE 5.1, 6.1

Badehose, Sonnenöl

Badehose, Sonnenöl
und die Badetücher
packe ich viel lieber ein
als die Mathe-Bücher.
Schwimmen kann ich wie ein Fisch
mit und ohne Flossen.
Meine Taucherbrille sitzt
auf den Sommersprossen.
Wie ein U-Boot kann ich nun
unterm Wasser flitzen.
Blas ich meinen Schnorchel aus,
meint man, Wale spritzen.
Badehose, Sonnenöl
und die Badetücher
packe ich viel lieber ein
als die Mathe-Bücher.

Bernhard Lins

Worauf sich der Franz freut

Der Franz hat viermal im Jahr Ferien.
Einmal zu Weihnachten,
einmal im Winter nach dem Zeugnis,
einmal zu Ostern. Und einmal im Sommer.
Nie kann sich der Franz entscheiden,
welche Ferien er am liebsten mag.
Einmal denkt er:
Die Weihnachtsferien! Weil die mit
Christbaum und Geschenken anfangen.
Einmal denkt er:
Die Sommerferien!
Weil die am längsten dauern.
Einmal denkt er:
Die Zeugnisferien! Weil es da schneit
und weil ich da Schi laufen kann.
Einmal denkt er:
Die Osterferien! Weil ich da mit
der Oma zum Kugler-Bauern fahre.
Eigentlich ist es so:
Die Ferien, die als Nächste dran sind,
mag der Franz am liebsten.

Christine Nöstlinger

→AH: 63 →BiSt: LE 1.2, 2.2, HSR 4.1, 4.4

Ferien im Sommer

Nichts müssen,
nichts sollen.
Nur dürfen
und wollen.
Jeder Tag
ein unvorbereitetes Fest.
Sich einigen,
wer
wann
wo
was
wie
mit wem
tut oder lässt.

Hans Manz

Inhaltsverzeichnis

Quellenverzeichnis

Berger-Thompson, Gabi: *Was eine Schultasche so alles trägt* aus: Spatzenpost, 9/2003. *Was Lehrerinnen und Lehrer wollen* aus: Spatzenpost, 7/2010.
Braun, Gisela: *Melanie und Tante Knuddel* aus: Braun, Gisela/Wolters, Dorothee: Melanie und Tante Knuddel, Verlag mebes & noack, Köln 2006.
Bydlinski, Georg: *Was leuchtet da so?* aus: Der dicke Kater Pegasus, Dachs Verlag, Wien 2000. *Wenn Mama ins Büro geht* (gekürzt) aus: Die bunte Brücke, Herder Verlag, Wien 1992. *Wann Freunde wichtig sind* aus: Der Wünschelbaum, Herder Verlag, Wien 1984. *Sommer* aus: Die bunte Brücke, Herder Verlag, Wien 1992. *Hoffentlich* aus: Der dicke Kater Pegasus, Dachs Verlag, Wien 2000. *Einmal im Jahr* aus: Der dicke Kater Pegasus, Dachs Verlag, Wien 2000. *Zum Muttertag* (gekürzt) aus: Wasserhahn und Wasserhenne, Dachs Verlag, Wien 2002.
Carle, Eric: *Das kleine Glühwürmchen* (gekürzt), Gerstenberg Verlag, Hildesheim 2010.
Ferra-Mikura, Vera: *Glaubst du das?* aus: Meine Kuh trägt himmelblaue Socken, Verlag Jungbrunnen, Wien 1975.
Guggenmos, Josef: *Ein Hase, der gern Bücher las* aus: Oh, Verzeihung, sagte die Ameise, Beltz Verlag, Weinheim 1990.
Hannover, Heinrich: *Familie Räuber* (gekürzt) aus: Bei Räubers, Rowohlt Taschenbuch Verlag, Reinbek 1972.
Hofbauer, Friedl: *Wenn ein Löwe in die Schule geht* (gekürzt), Annette Betz Verlag, Wien 2011. *Muttertag* aus: Walter, Ilse (Hg.): Jahreszeiten-Reimebuch, Verlag Herder, Wien 1992.
Janosch: *Tiger und Bär im Straßenverkehr* (gekürzt), Verlag Beltz und Gelberg, Weinheim/Basel 2004. © Janosch film & medien AG, Berlin 2011
Kreusch-Jacob, Dorothée: *Fünf Gespenster* aus: Ich bin das Händchen Übermut, Verlag Heinrich Ellermann, München 1989.
Krüss, James: *Die Osterzeit ist da!* (gekürzt) aus: Der wohltemperierte Leierkasten, cbj-Verlag, München 1989.
Lins, Bernhard: *Badehose, Sonnenöl* aus: Walter, Ilse (Hg.): Kinderzeit im Festtagskleid, Kerle im Herder Verlag, Wien 1993. © Bernhard Lins
Maar, Paul: *In der alten Felsenhöhle* aus: Kreuz und Rüben, Kraut und quer, Verlag Friedrich Oetinger, Hamburg 2004.
Manz, Hans: *Manchmal* aus Gelberg, Hans-Joachim (Hg.): Überall und neben dir, Verlag Beltz & Gelberg, Weinheim/Basel 1986. *Ich denke* aus: Riediger, Günter (Hg.): Wie Kinder schwarz und gelb und weiß und rot, Verlag Butzon und Bercker, Kevelaer 1994. *Ferien im Sommer* aus: Lieber heute als morgen, Verlag Beltz & Gelberg, Weinheim 1988.
Mayer-Skumanz, Lene: *Jakob wartet auf Weihnachten* aus: Steinwede, Dietrich (Hg.): Advent und Weihnachten, Patmos Verlag, Düsseldorf 2007.
Michels, Tilde: *Güneş erzählt von Ostern* aus: Günec, Thomas: Frühlingszeit, Osterzeit, Deutscher Taschenbuchverlag, München 1987.
Moser, Erwin: *Löwenzahn-Post* aus: Mein Baumhaus, Beltz & Gelberg Verlag, Weinheim/Basel 1994.
Nöstlinger, Christine: *Der Zickzack* aus: Schulgeschichten vom Franz, Verlag Friedrich Oetinger, Hamburg 1996. *Frühling* aus: Der Frühling kommt, Schroedel Verlag, Hannover 1972. *Worauf sich der Franz freut* aus: Feriengeschichten vom Franz, Verlag Friedrich Oetinger, Hamburg 1996.
Recheis, Käthe/Hofbauer, Friedl: *Komm, kleiner Indianer,* Kerle im Herder Verlag, Freiburg/Wien 1999.
Rettl, Christine: *Leons Fest* (gekürzt), G&G Verlag, Wien 2008.
Schreiber-Wicke, Edith: *Immer diese Monster,* Thienemann Verlag, Stuttgart/Wien 2009.
Welsh, Renate: *Nina und der Wald* aus: Nina sieht alles ganz anders, Ravensburger Buchverlag, Ravensburg 1994.
Wittkamp, Frantz: *Wenn der Bär nach Hause kommt* aus: Gelberg, Hans-Joachim (Hg.): Überall und neben dir, Verlag Beltz & Gelberg, Weinheim/Basel 1986.
Zöller, Elisabeth: *Liebste Mecker-Oma* aus: Kleine Omageschichten, arsEdition, München 1996.

Originalbeiträge der Autorinnen
Klassenregeln, Schule anderswo, Bei uns zu Hause, Der große Bruder, Freunde, Blindenschrift, Lukas ist blind, E-Mail für dich, Auf der Wiese, Bauernhoftiere, Urlaub auf dem Bauernhof, Zootiere, Wie Lukas den Zoo erlebt, Anton, das kleine Gespenst, Mäusespeck, Menschen wohnen, In der Wüste, Vulkane, Ewiges Eis, Im tropischen Regenwald, Ball, Felipe, der Fußballstar, Martin, der Helfer, Die Martinslaterne, Nikolaus, Kekse backen, Schnee

Volksgut
Auszählreime für die Pause, Reime raten, Bruder Jakob (Volkslied aus Frankreich, 1870)

Bildnachweis

S. 2: Schulkinder: © Kzenon – fotolia.com
S. 3: Kinder: © pressmaster – fotolia.com
Schulhaus: © Susanne Held
Afrikanisches Kind: © ranplett – iStockphoto.com
S. 8/9: Illustration von Erhard Dietl, aus Nöstlinger, Christine: Schulgeschichten vom Franz, Verlag Friedrich Oetinger, Hamburg 1996.
S. 10: Indien: © VikramRaghuvanshi – iStockphoto.com
Afrika: © Living Legend – fotolia.com
China: © btrenkel – iStockphoto.com
S. 15: Illustration aus Janosch: Tiger und Bär im Straßenverkehr, Verlag Beltz und Gelberg, Weinheim/Basel 2004. © Janosch film & medien AG, Berlin 2011
S. 18: Gelbe Hand: © Wojciech Gajda – fotolia.com
Bub: © Yvonne Bogdanski – fotolia.com
Blindenschrift: © Roman Milert – fotolia.com
S. 19: Kinder: © Monkey Business – fotolia.com
S. 28: Blindenschrift: © Karin Lau – fotolia.com
S. 36: Becherlupe: © Susanne Held
Mädchen: © 14ktgold – fotolia.com
S. 37: Schwein: © DerPaparazzo – fotolia.com
Zoo: © Vely – fotolia.com
S. 42/43: Illustration aus Moser, Erwin: Mein Baumhaus, Verlag Beltz & Gelberg, Weinheim/Basel 1994.
S. 44/45: Illustration aus Carle, Eric: Das kleine Glühwürmchen, Gerstenberg Verlag, Hildesheim 2010.
S. 46: Kuh: © Nicolas Logerot– fotolia.com
Schweine: © isma – fotolia.com
Hühner: © Leca Isabelle – fotolia.com
S. 48: Elefant: © Kess – fotolia.com
Tiger: © Duey – fotolia.com
Koala: © Valerie Miller – fotolia.com
S. 52: Fledermäuse: © Stasys Eidiejus – fotolia.com
S. 53: Rasenmäher: © Susanne Held
Gespenster © Kzenon – fotolia.com
Räuberkind: © Lucky Dragon – fotolia.com
S. 62: Wüste: © Doreen Salcher – fotolia.com
Berge: © dusko – fotolia.com
S. 63: Strand: © Linda Meyer – fotolia.com
Regenwald: © LoonChild – fotolia.com
S. 76: Laterne: © Susanne Held
Bub: © Miredi – fotolia.com
S. 77: Mädchen: © Kzenon – fotolia.com
Luftmatratze: © Photo_Ma – fotolia.com
S. 81: Teig: © djamb – fotolia.com
Ausstechen: © Gina Sanders – fotolia.com
Kekse: © Nessi – fotolia.com

Kapiteleinstiegsseiten

Arndt, Marga/Singer, Waltraud: Rätsel aus: *Das ist der Daumen Knudeldick*, Ravensburger Buchverlag, Ravensburg 2004.
Ebert, Andreas: *Kindermutmachlied* aus: Liederbuch zum Umhängen, Menschenkinder Verlag, Münster 1991. © Hänssler-Verlag, Neuhausen-Stuttgart.
Harranth, Wolf: *Auf der Erde kann ich stehen* aus: Mein Bilderbuch von Erde, Wasser, Luft und Feuer, Ravensburger Buchverlag, Ravensburg 1990.
Zuckowski, Rolf: *Die Jahresuhr* aus: Sing mit uns! Rolfs Liederkalender, Sikorski Musikverlage, Hamburg 1993.